The Cid: Opera, In Four Acts And Ten Scenes

Adolphe D' Ennery

In the interest of creating a more extensive selection of rare historical book reprints, we have chosen to reproduce this title even though it may possibly have occasional imperfections such as missing and blurred pages, missing text, poor pictures, markings, dark backgrounds and other reproduction issues beyond our control. Because this work is culturally important, we have made it available as a part of our commitment to protecting, preserving and promoting the world's literature. Thank you for your understanding.

"THE CID."

OPERA, IN FOUR ACTS AND TEN SCENES.

TEXT BY
A. D'ENNERY, LOUIS GALLET and EDWARD BLAU.

MUSIC BY
J. MASSENET.

TRANSLATED FROM THE ORIGINAL FRENCH
BY
FRED LYSTER.

Entered according to Act of Congress, in the year 1895, by F. RULLMAN in the Office of the Librarian of Congress at Washington.

PUBLISHED BY F. RULLMAN,
AT THE THEATRE TICKET OFFICE, No. 111 BROADWAY,
NEW YORK.

"THE CID."

PEOPLE REPRESENTED.

RODRIGO,
DON DIEGO,
THE COUNT DE GORMAS,
THE KING,
SAINT-JAMES,

A MOORISH ENVOY,
DON ARIAS,
DON ALONZO,
XIMENE,
THE INFANTA OF SPAIN.

Nobles, Ladies, Courtiers, Priests, Officers, Soldiers, Captives and Moorish Slaves, People, etc.

ARGUMENT.

The King of Spain is about to confer the honor of knighthood on Don Rodrigo, the son of Don Diego, a valiant warrior. The King is also going to appoint a preceptor for his daughter, the Infanta of Spain, and Count de Gormas fully expects that honor.

Ximene, daughter of the Count de Gormas, loves Rodrigo, and is beloved by him. Their love is approved by the Count, and Ximene is happy.

The Infanta also loves Rodrigo, but is restrained by her regal position, and promises Ximene that she will hide her feelings.

Rodrigo is knighted and all is joy till it is announced that Don Diego is appointed to the guardianship of the Infanta.

The Count de Gormas is enraged and quarrels with Don Diego, whom he disarms.

Deeply mortified, Don Diego calls on his son Rodrigo to avenge him, and in the quarrel that follows the Count is slain.

Ximene, horrified, vows to avenge her father's death, and, abjuring her love, calls on the King to punish the knight.

Rodrigo is condemned to death, but a sudden incursion of the Moors alarms the Court, and Rodrigo obtains the grace of a day to attack the enemy, promising to return and give himself up to justice.

Rodrigo vanquishes the Moors, and is hailed by them as the Conqueror—"The Cid." He returns according to his promise, and Ximene, against her will, is compelled to acknowledge her love and to give up her vengeance, confessing that Rodrigo has vanquished the enemy and her anger. So at last it is proved that

"Love is the lord of all."

"Le Cid."

ACTE PREMIER.

PREMIER TABLEAU.

A BURGOS.

Une salle chez le comte de Gormas. Au fond, grande fenêtre donnant sur une rue dont les maisons sont pavoisées. Fanfares au lointain.

SCÈNE PREMIÈRE.

Le Comte de Gormas, Don Alonzo, Don Arias, Seigneurs, amis du comte.

LES SEIGNEURS.

Ecoutez! Ecoutez la joyeuse fanfare:
Le Roi nous mande auprès de lui!

DON ARIAS.

Il arme chevalier Don Rodrigue aujourd'hui!

DON ALONZO.

Et la faveur est rare;
Rodrigue est jeune encore pour être chevalier!

LE COMTE.

Mais Don Diègue, messieurs, fut un vaillant guerrier;
Le vieillard en son fils obtient sa récompense.

DON ARIAS.

Si le prince est si juste à payer la vaillance,
Seigneur Gormas, comptez sur plus grande faveur!

LE COMTE.

Que prétendez-vous dire?

DON ARIAS.

A l'Infant le Roi doit élire
Avant ce soir un gouverneur.
[Mouvement du comte.]

LES SEIGNEURS.

C'est à vous que revient un tel degré d'honneur.

LE COMTE.

Ah! ce choix comblerait tous les vœux de ma vie,
Et ce poste est de ceux qu'il faut que l'on envie!

SCÈNE II.

Les Mêmes, Chimène.

Chimène, entrant avec animation, à son père.

Que c'est beau... Ces drapeaux flottants,
Ces glaives éclatants,
Où le ciel met sa flamme!
Et cette ville en fête! Et ce nom qu'on acclame!

LE COMTE, avec un sourire.

Le nom surtout est beau, n'est-ce pas?

CHIMÈNE, confuse.

Ah! je vois
Que mon père a lu dans mon âme!

LE COMTE.

Oui, Chimène, et Rodrigue est digne de ton choix;
Je me promets du fils de que j'ai vu du père,
Et ma fille, en un mot, peut l'aimer et me plaire!

CHIMÈNE, radieuse.

Que la parole est douce au cœur de votre enfant!
[On entend de nouveaux appels de trompettes.]

LES SEIGNEURS.

Ecoutez! Ecoutez la joyeuse fanfare!

LE COMTE.

Au palais le Roi nous attend!

LES SEIGNEURS, au comte.

Et votre gloire s'y prépare,
Passez, comte, passez, gouverneur de l'Infant!
[Le comte sort accompagné de ces amis.]

SCÈNE III.

Chimène, puis L'Infante

CHIMÈNE, avec ivresse.

Ah! la chère promesse!
Aimer! Je puis aimer librement, devant tous!
Il est des cœurs parfois timides ou jaloux
Qui trouvent des douceurs à cacher leur tendresse;
Mais à ceux-là le mien n'est point pareil!
L'aveu de mon bonheur en redouble l'ivresse;
A mes fières amours il faut le clair soleil!

[Quelques pages précédant l'Infante paraissent et se retirent dès son entrée. A part.]
L'infante!

L'INFANTE.

Tu parais bien joyeuse, Chimène?

CHIMÈNE.

Eh! qui ne pourrait l'être au beau jour que voilà!

L'INFANTE, avec mélancolie.

Mais... peut-être ceux-là,
Que leur grandeur enchaîne
Et qui ne sauraient pas à ce point s'oublier,
Que d'admettre en leur âme un simple chevalier!

CHIMÈNE.

Que dites-vous, madame?
[A part.]
Je frisonne!

L'INFANTE.

L'amour est un tyran qui n'épargne personne!

CHIMÈNE, très troublée.

Rodrigue? Vous l'aimez?

L'INFANTE.

Mets la main sur mon cœur
Et vois comme il se trouble au nom de son vainqueur,
Comme il le reconnaît!

CHIMÈNE.

Ne l'aimez pas, madame!
Rêve consolant ou moqueur,
Laissez le doute dans mon âme,
Laissez l'espérance en mon cœur!
Espérance peut-être vaine...
Doute peut-être juste, hélas!
Pour ma destinée incertaine,
Ah! par pitié! ne l'aimez pas!

"Le Cid."

ACT I.

SCENE I.

BURGOS.

A saloon in the house of the Count de Gormas. At back a large window opening on a street. Distant sound of trumpets. Count de Gormas, Don Alonzo, Don Arias, and noble friends of the Count discovered.

NOBLES.

Hark! hark! the trumpets gaily sounding
Call us before our Lord the King.

DON ARIAS.

To-day will knightly honors bring

DON ALONZO.

To young Rodrigo whose heart is bounding
At privilege so untimely and so grave.

THE COUNT.

His father, Don Diego, was a warrior brave
And in his son obtains his full reward.

DON ARIAS.

If valor thus attracts the King's regard,
What rank may not Don Gormas hope to attain.

THE COUNT.

What would you say?

DON ARIAS.

For the Infanta must the King to-day
Choose a preceptor, and not choose in vain.
(The Count makes a movement of surprise.)

NOBLES.

'Tis you alone who must such honor gain.

THE COUNT.

Should I be chosen, all my dearest hope
Well crowned would be, and none could with me cope.
(Enter Ximene.)

XIMENE (to her father, with animation).

Oh! how grand. These banners that wave
Over casque, lance and glaive,
That like bright lightning flame!
And this clamor of one well-loved name!

THE COUNT (smiling).

Well-loved, indeed! my child!

XIMENE (confused).

My father, dear, approves Rodrigo's fame.
Oh, yes; I see.

THE COUNT.

And sees that he is worthy e'en of thee.
His father's valor shines forth in the son,
And, in a word, he my consent hath won.

XIMENE (radiant).

How welcome to my heart is that kind word.
(Trumpets sound.)

NOBLES.

Hark to the trumpet's joyful note.

THE COUNT.

The King awaits us; hast thou not heard?

NOBLES (to the Count).

To the Infanta thou must now devote
Thy care. So has announced the royal word.
(He goes out.)

XIMENE (elated).

Oh, what delight!
To love and be beloved; with full consent
Of all. Some timid souls would hide from sight
Their feelings, but my mind is not so bent.
I flaunt my love right boldly to the world
And glory in my amorous content,
Proud of the Knight whose banner I've unfurled.
(Pages precede the Infanta and retire.) (Aside.)
The Infanta!

INFANTA.

Ximene, you look well pleased!

XIMENE.

Who would not be on such a lovely day?

INFANTA (sadly).

But yet, alas, there may
Be some by grandeur teased,
Who would give all their rank and regal right
For love of one, a simple uncrowned knight.

XIMENE.

What say you, Princess? (Aside) Oh, I fear—

INFANTA.

Love is a tyrant, and I feel him here—

XIMENE (troubled).

You love Rodrigo?

INFANTA.

Feel, how beats my heart
At the mere name of him. I feel love's smart
Invade my soul—

XIMENE.

Oh! madam, do not love,
Love is at best a mocking dream,
But do not wake me, let me prove
The shadowy bliss of hope, the vap'rous beam
That glimmers but to lead the steps astray
In doubtful paths, but sweet withal to rove,
Unheeding of the briers by the way—
In pity spare me, prithee, do not love.

ENSEMBLE.

L'INFANTE.

Garde sans peur, ô ma Chimène,
Le rêve qui te vient charmer;
Sois heureuse! tu n'est pas reine!
Moi, je n'ai pas le droit d'aimer!

CHIMÈNE.

Ah! n'enviez pas à Chimène
Le rêve qui la vient charmer;
Soyez clémente souveraine
Et laissez-moi le droit d'aimer.

L'INFANTE, qui s'est peu à peu calmée à la prière de Chimène.

Va! je me souviendrai de qui je suis la fille!
L'orgueil des princes de Castilles,
Doit étouffer en moi les songes les plus doux.
    [Avec résolution.]
Rodrigue est ton amant! Il sera ton époux!

DEUXIÈME TABLEAU.

Une galerie conduisant du palais à l'une des entrées de la cathédrale. Au milieu, sur un pilier, statue de saint Jacques le Majeur. A travers la colonnade, vue de la ville. Ciel clair.

Les cloches sonnent. Actions de grâce du peuple après la victoire.

SCÈNE PREMIÈRE.

L'INFANTE, CHIMÈNE, LE ROI, DON DIÈGUE, LE COMTE DE GORMAS, PRÊTRES, DAMES DE LA COUR, SEIGNEURS, PEUPLE.

LE PEUPLE.

Béni soit le nom du Seigneur
Dont la force nous accompagne!
Gloire à saint Jacques le Majeur,
Souverain patron de l'Espagne!
Dans la plaine et dans la montagne
Il a fait notre roi vainqueur!

LE ROI.

Oui, peuple de Burgos, béni soit le Seigneur!
Les Maures sont vaincus et dans cette journée
Nous rendons au vrai Dieu l'église profanée
Et nous relevons de notre abaissement.

Je veux récompenser ici publiquement,
    Heureux d'un juste témoignage,
Une antique valeur dans un jeune courage!

[Aux pages.]
Faites venir Rodrigue.

DON DIÈGUE.

O mon maître, ô mon roi!
    [Il veut se prosterner. Le roi l'arrête.]

LE ROI.

Non, comte, pas ainsi. Prends place auprès de moi.

SCÈNE II.

LES MÊMES, RODRIGUE.

La porte de l'église s'ouvre, Rodrigue paraît conduit par les pages; il est sans épée —Il s'avance, s'incline respectueusement devant le roi et attend que ce dernier lui adresse la parole.

CHIMÈNE, avec émotion pendant ce mouvement.

Trouble délicieux que je sens à sa vue,
Ah! ne me trahis pas!

L'INFANTE, regardant Chimène.

Comme elle semble émue!

LE COMTE et SES AMIS.

De quel air souverain il s'avance vers nous!

DON DIÈGUE.

Que son regard est fier!

LES FEMMES.

Que son regard est doux!

LE ROI, à RODRIGUE arrêté devant lui.

Rodrigue, je t'ai dit quel honneur je te garde!
Préparé dignement à cet honneur royal,
Te voici devant nous, cœur fervent, cœur loyal,
    Et devant Dieu qui te regarde!
A genoux!

LA FOULE.

A genoux!

[RODRIGUE s'agenouille; un évêque tient ouvert devant lui l'Évangile.]

LE ROI, avec solennité.

Jurez-vous
Par la croix d'être bon chevalier?

RODRIGUE.

Je le jure.

LE ROI.

Jurez-vous de défendre avec nous le bon droit?

RODRIGUE.

Je le jure!

LE ROI.

Fidèle à Dieu, fidèle au roi,
Jurez-vous de garder votre foi toujours pure?

RODRIGUE.

Je le jure!

LE ROI, prenant l'épée que lui présente un page.

Reçois donc cette épée. Elle a dans dix combats
    Etincelé, claire et fidèle!
Qu'elle prenne en ta main une gloire nouvelle!

RODRIGUE.

J'ai devant moi l'example,
        [Il montre son père.]
    Et ne faiblirai pas

LE ROI, religieusement en forme de considération.

Que monseigneur saint Jacques et que Dieu notre sire
Vous aient pour chevalier et daignent vous conduire!

[Pendant que le chœur répète ces paroles, le roi donne l'accolade à RODRIGUE.]

CHIMÈNE, à part.

Ce vœu, Seigneur, tu l'entendras.

BOTH.

INFANTA.

Fear not, my child, you are no Queen
And so may dream of lover's joys;
Be happy then, my dear Ximene,
No rival I! I have no choice!

XIMENE.

Oh! grudge not to your poor Ximene
Her transient dream of love's sweet joys.
Show yourself merciful, O Queen!
And leave to me my true heart's choice.

INFANTA (who has grown calm at the entreaties of Ximene).

Go! I remember that I am the heir
Of proud Castile, so you need have no fear;
My dream has vanished—from my sleep I wake.
Rodrigo shall be yours, for your sweet sake.

SCENE II.

A gallery leading from the palace to one of the entrances to the cathedral. (C) A statue of St. James the Greater. The town is seen through the colonnade. The sky is clear, the bells are ringing, and the people are giving thanks for victory. The Infanta, Ximene, The King, Don Diego, The Count de Gormas, Priests, Ladies of the Court, Nobles, People, discovered.

PEOPLE.

Blessed be his holy name,
Who has victory to us given,
And St. James of sacred fame,
Patron of our Lord in Heaven.
On the mountain, on the plain
God hath victory given to Spain.

KING.

People of Burgos, lift your hearts and voices,
In praise of Heaven and St. James
The Moors are vanquished, and the land rejoices
That Holy Church again her power claims
Here publicly I pay the honor due
To bravery, in one scarce yet a man, but who
Has proved himself a hero. (To pages) Go ye two.
Bring hither Rodrigo.   (Exit pages.)

DON DIEGO.

My master, good and tried.
         (Goes to kneel. King prevents him.)

KING.

Not so, good friend, thy place is by my side.
(The door of the church opens and Rodrigo appears conducted by the pages. He is without a sword—he comes forward, inclines himself reverently before the King, and waits to be spoken to.)

XIMENE (with emotion).

Oh! pleasing pain, deceive me not I pray.
His presence moves me.

INFANTA (looking at her).

She will her love betray.

THE COUNT AND HIS FRIENDS.

With what a noble air he goes the King to meet.

DON DIEGO.

His eyes dart fire.

WOMEN.

His eyes are wond'rous sweet.

THE KING (as Rodrigo stops before him).

Rodrigo, I have told thee that I prize
Thee o'er all others. Prepare then to receive
With gratitude the honor that I give.
Heaven looks upon thee, now, with fav'ring eyes.
To thy knees, people, to thy knees.

(Rodrigo kneels; a bishop offers him the Holy Gospels.)

KING (solemnly).

Swear now by the cross to keep thy knightly oath.

RODRIGO.

I swear!

KING.

To aid and comfort King and country, both.

RODRIGO.

I swear!

KING.

Faithful to God and to thy King.
Keep well thy faith, with no weak wavering.

RODRIGO (rising).

I swear!

(The King gives him a sword which a page presents to him.)

KING.

Take thou this sword, bright as thine honor pure.
Ten times in fight, it hath been wielded well.
May it, in thy hands, still the traitor quell.

RODRIGO.

My model stands before me. Like him I'll endure.
         (Points to his father.)

KING (piously, as if consecrating).

And now may God and blessed James the Great
Accept thee for their Knight and guide thy fate.
(The choir repeat these words as the King bestows the accolade of chivalry upon Rodrigo.)

XIMENE.

Sweet Lord, oh! make his calling and election sure

RODRIGUE, l'épée à la main.

O noble lame étincelante
Pure comme un regard d'enfant,
Combats, gardienne vigilante
Et fais l'honneur seul triomphant !
Pendant que les injustes querelles
Reste immobile à mon côté,
Mais sois de flamme, prends des ailes
Pour l'Espagne et sa liberté !

[Se tournant vers la statue de saint Jacques.]

A saint Jacques de Compostelle
Chevalier, j'ai voué ma foi ;
Il me verra toujours à sa cause fidèle,
Quand je l'invoquerai, qu'il regarde vers moi !

[Dans une sorte d'extase.]

Puis, là-haut dans l'espace
Une vision passe . . .
Elle semble venir des mondes infinis.

[Après un regard à Chimène.]

Ange ou femme, mes jours à tes jours sont unis ;
Avec ce fier regard, avec ce doux sourire,
Tu ne saurais jamais conduire
Qu'aux chemins glorieux ou qu'aux sentiers bénis !

CHIMÈNE, à part.

Serment de tendresse éternelle
Je t'accepte et n'ai plus d'effroi !

LE ROI, à RODRIGUE.

Va, mon bon chevalier, va dans notre chapelle
Bénir celui qui fait les vaillants comme toi !

[Tout le monde entre dans l'église, sauf le roi, Don Diègue, le comte et ses amis.]

DON DIÈGUE.

O mon roi,
Soyez aussi béni !

LE ROI.

Non ! ma reconnaissance
Ne s'est pas acquittée ! Il faut un gouverneur
A l'héritier de ma puissance :
C'est toi que j'ai jugé digne de cet honneur !

TOUS.

Lui !

LE COMTE.

Sire ! ah ! qui me vaut cette injure suprême ?

LE ROI, avec hauteur.

S'attaquer à mon choix c'est se prendre à moi-même !

[Il entre dans le palais. Le comte demeure atterré.]

SCÈNE III.

LE COMTE, SES AMIS, DON DIÈGUE.

Au moment de sortir, Don Diègue revient sur ses pas, et la main tendue s'avance vers le comte.

LE COMTE.

Ainsi vous l'emportez ! Et la faveur du roi
Vous élève en un rang qui n'était dû qu'à moi !

DON DIÈGUE, amicalement.

A l'honneur qu'il me fait ajoutez-en un autre ;
Vous n'avez qu'une fille, et moi je n'ai qu'un fils,
Joignons d'un nœud sacré ma maison à la vôtre !

LE COMTE, ironiquement.

A de plus hauts partis
Ce beau fils doit prétendre !

DON DIÈGUE, se contenant.

Vous montrez un courroux que je ne puis comprendre !
Doit-on pas ce respect au pouvoir absolu
De n'examiner rien quand le roi l'a voulu.

LE COMTE.

Parlons-en mieux ! Le roi fait honneur à votre âge !

DON DIÈGUE.

Le roi, quand il en fait, le mesure au courage !

LE COMTE.

Et par là cet honneur n'était dû qu'à mon bras !

DON DIÈGUE, hors de lui.

Qui n'a pu l'obtenir ne le méritait pas !

LE COMTE, de même.

Ne le méritait pas ! Moi !

DON DIÈGUE.

Vous !

LE COMTE.

Ton impudence,
Téméraire vieillard aura sa récompense !

[Il le frappe au visage.]

DON DIÈGUE, tirant son épée.

Achève et prends ma vie après un tel affront,
Le premier dont ma race ait vu rougir son front !

Ils engagent le fer. Le comte le désarme et sort ; Don Diègue tombe accablé sur un siège de pierre au-dessous de la statue de saint Jacques.

LES AMIS DU COMTE, avec raillerie, à Don Diègue.

S'il vous plait au disciple auguste
Conter votre histoire, seigneur,
Qu'elle s'arrête à l'heure juste
Où l'on vous fit son gouverneur !

[Ils sortent.]

SCÈNE IV.

DON DIÈGUE, seul, anéanti.

O rage, ô désespoir, ô vieillesse ennemie !
Ah ! pourquoi n'ai-je pas, au tombeau glorieux,
Avant cette infamie
Rejoint les grands aïeux !
Maintenant que je vive ou bien que je succombe
De cet affront gardé me suivra le remords !
Et j'irai sous le ciel, ou j'irai vers la tombe
Méprisé des vivants et repoussé des morts !

LA VOIX DE RODRIGUE, dans l'église.

Je le jure !

DON DIÈGUE, égaré.

Rodrigue ! il faudra que j'affronte
A l'instant son regard de douleur et de honte !
Je fuirai ! Je ne puis
Le voir encore ! O Dieu ! rougir devant mon fils !

[Don Diègue relève la tête.]

Qu'ai-je dit ? fuir mon fils ! Non ! non ! je le réclame,
Qu'il vienne ! Avec mon sang je lui donnai mon âme,
Et le fer que mon bras ne peut plus soutenir,
Je veux le mettre au sien pour venger et punir !

RODRIGO (sword in hand).

Oh! blade that shinest in splendor bright
As stars that glitter in the night,
Or childhood's eyes, my guardian be,
That I may naught but honor see.
Be still undrawn in unjust fight,
But, always ready for the right.
Spring from thy scabbard swift and free
For Spain and for her liberty—
   (Turning to statue of St. James.)
Saint James of Compastello, hear
The faith I vow to thee,
That ne'er by treachery or fear
Will I be false to thee.
   (In a sort of ecstasy.)
A vision fair do I behold
More bright than gold,
I hear the music of the spheres,
Sounds far too sweet for mortal ears
   (Looks at Ximene.)
Be thou a woman or a sprite,
That smile of thine sheds naught but light,
And leads me far from mortal tears.

XIMENE (aside).

Sweet vow of love and purest flame,
I hear thee without fear or shame.

KING (to Rodrigo).

Go, fair Sir Knight, and thank the Lord
Who gives His blessing to thy sword.

(Every one enters the church except the King, Don Diego, the Count, and his friends.)

DON DIEGO.

May heaven award
Its choicest blessing on thy royal head.

KING.

All is not said—
My heir must have a governor—that post
I offer thee, whom I esteem the most.

ALL.

Him?

COUNT.

In what have I deserved this insult, Sire!

KING (haughtily).

Who doubts my choice against me doth conspire.
(Enters the palace—The count remains astounded.)
(Don Diego turns back and holds out his hand to the Count.)

COUNT.

So! You have won the prize
And found false favor in the royal eyes.

DON DIEGO (in a friendly manner).

Wilt add an honor to that I have won—
You have a daughter, I a son.
Join me their hands, and of the two make one.

COUNT (ironically).

Thy son can look far higher
And to more lofty heights aspire.

DON DIEGO (restraining himself).

I know not why your eyes are full of fire;
It is not for loyal subjects to decry
The King's just judgment nor his will deny.

COUNT.

No more; the King has reverenced your age.

DON DIEGO.

My valor rather—that will I engage.

COUNT.

Pshaw! All his glory due is to my arm.

DON DIEGO (enraged).

Who fails to conquer e'en must bear the harm.

COUNT (enraged).

Fail!—that word is not for me.

DON DIEGO.

For you!

COUNT.

  Such insolence,
Old man, will meet due recompense.
   (Strikes Don Diego in the face.)

DON DIEGO (drawing his sword).

Take now my life, as you've my honor ta'en,
The blush of shame is more than is the pain.

(They fight, the Count disarming Don Diego, and goes off. Don Diego falls at R., foot of the statue of Saint James.)

THE FRIENDS OF THE COUNT.

To the Disciple bring your plaint
And make oblation of your tears,
But wait till of the blessed Saint
You've made the tutor, at your years.
   (They go off mocking.)

DON DIEGO (alone—overcome by shame).

Oh! why has age my strength decayed
 While still on earth I linger?
Would I had in the tomb down laid
 Nor felt of shame the finger.
Now must I drag a weary life,
 Disgraced and scorned by all,
Unfit for war or manly strife,
 While coward men me call.

(The voice of Rodrigo in the church.)

RODRIGO.

I swear!

DON DIEGO (wandering in his mind).

Rodrigo's voice; and I must meet
His glance of shame at my defeat.
  Nay—I must flee
My noble son I dare not see.
   (Lifts his head.)
Nay! Nay! his sight I must not shun,
He is my blood—my strength—my son!
The sword that no more I can bear—
Shall be by him borne—he! my heir!
(Rodrigo appears on the threshold of the church.)

SCÈNE V.

Don Diègue, Rodrigue.

Rodrigue rayonnant paraît sur le seuil de l'église.

Don Diègue, s'élance au-devant de lui.

Rodrigue, as-tu du cœur ?

RODRIGUE.

Tout autre que mon père
L'éprouverait sur l'heure !

DON DIÈGUE.

Ah ! j'aime ta colère,
Mon fils !

RODRIGUE, anxieux.

Parlez !

DON DIÈGUE.

On m'a devant tous outragé !
Un homme m'a frappé lâchement au visage.

RODRIGUE, bondissant.

Ah ! mon père ! son nom... son nom ?

DON DIÈGUE.

Et cet outrage
Mon bras affaibli ne l'a pas vengé !

RODRIGUE, avec une fièvre croissante.

Son nom ! Son nom enfin. Il faut que je l'apprenne !

DON DIÈGUE.

Tu connais sa valeur !

RODRIGUE.

Il connaîtra la mienne !
Son nom ? N'hésite pas !

DON DIÈGUE.

Le comte de Gormas !

RODRIGUE, atterré.

Le père de Chimène !

DON DIÈGUE.

C'est lui qui m'a frappé, n'as-tu pas entendu ?
La fortune t'impose une épreuve cruelle,
Mais plus que ta douleur mon offense est mortelle,
Sans toi, notre honneur est perdu !

RODRIGUE.

Ah ! mon sang s'est glacé dans mon cœur éperdue !
Devais-tu m'imposer, ô fortune cruelle !
Pour la première épreuve une épreuve mortelle !
Ah ! tout mon bonheur est perdu !

[En ce moment Chimène sort de l'église ; elle passe lentement derrière la colonnade, sans voir Rodrigue.]

RODRIGUE.

Elle !

Meurs en mon âme
Divin amour !

DON DIÈGUE, observant son fils, avec anxiété.

Tu trembles ? tu faiblis ?

RODRIGUE, revenant à lui.

Non ! qui peut vivre infâme
Est indigne du jour !

DON DIÈGUE, lui donnant son épée.

Prends ! Cours à la vengeance.
Va, meurs ou tue ! A toi seul j'ai songé
Pour réparer l'offense !

RODRIGUE, résolument.

Mon père, tu seras vengé !

ACTE DEUXIÈME.

TROISIÈME TABLEAU.

UNE RUE A BURGOS.

La nuit. Peu de lune. A droite, le palais du comte. A gauche, une lampe allumée devant une madone.

SCÈNE PREMIÈRE.

RODRIGUE, s'avance lentement.

Percé jusqu'au fond du cœur
D'une atteinte imprévue aussi bien que mortelle,
Par l'injuste rigueur d'une juste querelle
Je deviens la victime, en étant le vengeur !

O Dieu, l'étrange peine !
Si près de voir l'amour récompensé,
En cet affront, mon père est l'offensé,
Et l'offenseur, le père de Chimène !

Il vaut mieux courir au trépas
Que de perdre deux fois celle qui m'est si chère !
J'attire en me vengeant sa haine et sa colère,
J'attire son mépris en ne me vengeant pas.

Tout redouble ma peine !
Elle grandit à la vouloir guérir.
Allons, mon âme, et puisqu'il faut mourir
Mourons, du moins, sans offenser Chimène.

[Il fait un mouvement pour s'éloigner. Revenant.]

Non ! mon esprit s'était déçu !
Je dois tout à mon père avant qu'à ma maîtresse.
Que je meure au combat, ou meure de tristesse
Je rendrai mon sang pur comme je l'ai reçu.

Ah ! qu'importe ma peine !
C'est trop déjà d'avoir tant balancé !
Puisqu'aujourd'hui mon père est l'offensé
Et l'offenseur le père de Chimène !

[Il s'élance vers la porte du palais. A ce moment, le comte paraît sur le seuil.]

SCÈNE II.

RODRIGUE, LE COMTE.

RODRIGUE.

A moi, comte, deux mots !

LE COMTE.

Parle !

DON DIEGO (rushing to him).

Hast thou a heart, my son?

RODRIGO.

None else would dare
Ask such a question. But my blood you share.

DON DIEGO.

I love thine anger; note thy burning cheek.
My son! my savior!

RODRIGO.

Speak, my father; speak!

DON DIEGO.

Thy father's head hath been bowed down in shame,
And hath disgrace borne, although free from blame.

RODRIGO (leaping up).

My father!—tell me quickly—his name, his name.

DON DIEGO.

My poor weak arm hath no strength to return
The insult vile.

RODRIGO.

The name!—the name—I yearn to meet him!

DON DIEGO.

He's of proved valor.

RODRIGO.

Mine he too shall prove.
His name? Delay not, for the kind saint's love.

DON DIEGO.

The Count de Gormas.

RODRIGO (horrified).

Oh! Her father!

DON DIEGO.

Aye!
'Tis he indeed, who hath, with dastard blow
Dishonored me and laid my glory low.
More than thy love is my mortal disgrace,
And thou must this arch villain face.

RODRIGO.

My frozen blood is stagnant in my veins.
Oh! cruel Fate, why art thus unkind?
My first essay must be amid the pains
Of love destroyed, and Fortune blind.
(At this moment Ximene enters from the church, and passes quietly behind the colonnade without seeing Rodrigo.)

RODRIGO.

'Tis she—
Oh, love die in my heart
For we must part.

DON DIEGO (watching him anxiously).

Your tremble; you fear?

RODRIGO (comes to himself).

No; better far to die
Than live disgraced. Fear not my father—I
Am ready.

DON DIEGO (giving him his sword).

Haste to thy filial vengeance. Go.
Slay him, or die thyself—no mercy show
To this base Gormas.

RODRIGO.

Vengeance for thee, but for me naught but woe.

CURTAIN.

ACT II.

SCENE III.

A STREET IN BURGOS.

Night. No moon. (L) The Count's palace. (R) The figure of the Madonna, with a lamp burning before it.

(Enter Rodrigo, advancing slowly.)

RODRIGO.

Pierced to the bottom of my heart,
By a dire blow unseen but deadly still,
I am a victim—since against my will
I've vengeance taken, on my father's part.
Oh! Heaven! what deadly pain.
So near to come to the sweet bliss of love
And yet to fail. My father, Powers above!
The victim, and the offender, father of Ximene,
Far better 't were to yield my very life
Than twice to lose what is to me so dear.
My vengeance brings her hate to me so near
And gives a foe where I had sought a wife.
My grief redoubles, by the very means I take
To assuage it. Why, far better 't were to die
For her I love—to perish for her sake,
And so by dying from her hatred fly.
(He is going, but returns.)
But no! My father's honor claims my care
Before my mistress' favor. If I die
In battle, or beneath her eye,
Cringe like a dastard, should I better fare?
Ah! I must bear the deadly pain,
So near to come to the sweet bliss of love,
And yet to fail. My father! Powers above!
The victim, and the offender, father of Ximene.
(He rushes towards the door of the palace; at that moment the Count appears on the threshold.)

RODRIGO.

Two words, Sir Count, I pray.

COUNT.

Speak!

RODRIGO.

Relieve me of my doubt.
Knoweth thou Don Diego?

COUNT.

Aye!

RODRIGO.

Speak low, spies are about.
Sir, that old man the model is to youth,
The chosen example of all knightly truth.

RODRIGUE.
              Ote-moi d'un doute.
Connais-tu bien Don Diègue ?
              LE COMTE.
              Oui.
              RODRIGUE.
              Parlons bas ; écoute :
Sais-tu que ce vieillard fut la même vertu,
La vaillance et l'honneur de son temps ? Le sais-tu ?
              LE COMTE.
Peut-être !
              RODRIGUE.
     Cette ardeur que dans les yeux je porte
Je l'ai prise en son cœur, et son sang est le mien !
     Comte, le sais-tu bien ?
              LE COMTE.
     Que m'importe !
              RODRIGUE.
A quatre pas d'ici je te le fais savoir !
              LE COMTE.
Jeune présomptueux !
              RODRIGUE.
              Parle sans t'émouvoir !
Je suis jeune, il est vrai ; mais aux âmes bien nées
La valeur n'attend pas le nombre des années !
     Oui ! tout autre que moi
     Pourrait trembler d'effroi !
     J'attaque en téméraire
     Un bras toujours vainqueur !
Mais j'aurai trop de force, ayant assez de cœur,
     Car je venge mon père !
              LE COMTE.
     Te mesurer à moi !
     Je tremblerais pour toi !
     Va, sois moins téméraire !
     Dispense ma valeur
D'un combat inégal et pour moi sans honneur.
     Vois, je suis sans colère !
              RODRIGUE, tirant son épée.
C'en est trop ! Je ne veux ni pitié ni merci !
Marchons ! Marchons !
              LE COMTE.
              Va-t'en !
              RODRIGUE.
              Non ! non ! Assez de honte
              LE COMTE.
              Retire-toi d'ici.
              RODRIGUE, s'avançant résolument.
     L'épée à la main, comte !
     C'est assez discourir.
              LE COMTE, s'animant enfin.
Es-tu si las de vivre ?
              RODRIGUE.
              As-tu peur de mourir ?
              LE COMTE.
     Viens ! jeune téméraire !
Viens donc, puisque tu veux affronter ma valeur.

              RODRIGUE.
Va, j'aurai trop de force ayant assez de cœur,
     Car je venge mon père !
              [Ils se battent.]
              LE COMTE, après un engagement.
              Ah ! je le vois,
Ton bras est fort comme ton âme est fière.
              RODRIGUE.
     Mes pareils à deux fois
     Ne se font pas connaître . . .
Et pour leurs coups d'essai . . .
              [Transperçant le comte.)
              Veulent des coups de maître !
              LE COMTE, tombant.
Ah !
              RODRIGUE, se précipitant sur le corps du comte.
Grand Dieu ! Qu'ai-je fait ? Je n'ai plus qu'à mourir !

SCÈNE III.

LES MÊMES, PEUPLE et VALETS, entrant de plusieurs
     côtés à la fois, puis DON DIÈGUE et
              SES AMIS.

              PREMIERS GROUPES.
     Un combat ! Où faut-il courir ?
     Regardez-là ! Le comte ! Notre maître !
     Il est blessé ! Mortellement blessé !
              AUTRES GROUPES, accourant.
     Qu'est-ce donc ? Que s'est-il passé ?
     Il respire encore peut-être ?
     Non ! Son cœur est déjà glacé !
DON DIÈGUE, est entré avec plusieurs seigneurs de
     ses amis.
     Gormas n'est plus !
              [Se retournant vers les seigneurs.]
              Amis, dont le courage
     S'offrait à venger mon outrage,
Vous le voyez, mon fils vous avait devancés !
              [Allant vers Rodrigue, les bras ouverts.]
Rodrigue ! Mes affronts par toi sont effacés !
Je t'ai donné la vie, et tu me rends la gloire !
              RODRIGUE, douloureusement.
     Quand vous revient l'honneur ravi
Je ne me repens point de vous avoir servi,
Mais laissez-moi pleurer ma cruelle victoire !
     Pour vous j'ai tout perdu,
Ce que je vous devais, je vous l'ai bien rendu !
     [Pendant ce colloque de Don Diègue avec son
     fils, des valets ont emporté le corps du comte
     dans son palais. Une partie de la foule les
     suit.]

SCÈNE IV.

LES MÊMES, CHIMÈNE. Elle paraît sur le seuil du
     palais, pâle, échevelée.
              CHIMÈNE.
Mort ! Mort ! Qui l'a tué ? Qui donc ?
              [Elle vient en scène.]
              Ah ! je le jure
Par le ciel, par le sang de l'horrible blessure,
     Celui-là, quel qu'il soit, je veux
     Le frapper de ma main !
     [Chant du *Requiem* dans l'intérieur du palais.]

COUNT.

Perhaps!

RODRIGO.

His blood runs coursing through my veins, and so,
His honor's mine, nor can sustain a blow.
You know it well.

COUNT.

What matters it to me?

RODRIGO.

Four paces further, and I'll let you see.

COUNT.

Presumptuous boy!

RODRIGO.

Speak softly, whisper low.
'Tis true, I'm young, but in noble blood
Valor's of speedy growth, no starv'ling bud.

Any other but I
In terror might fly,
But I without fear
Even your arm will brave
With a heart full of cheer
My father's honor to save.

COUNT.

Go, rash boy! 'Tis not I
Who will cause you to die.
Though your father be dear
And you may be brave,
The combat unequal is, so do not fear,
Not by my hand you'll go to the grave.

RODRIGO (drawing his sword).

'Tis too much! your pity and mercy I scorn.
Let us go.

COUNT.

Tush! begone!

RODRIGO.

No! not so!

COUNT.

Silence, fool!

RODRIGO (advancing fiercely).

Sword in hand, you and I
Will discuss, not with words.

COUNT (roused).

Are you tired of your life?

RODRIGO.

Do you fear, then, to die?

COUNT.

Rash boy! with our swords
We will settle this fray.

RODRIGO.

My father's dear honor
Calls me—on guard, I say.

(They fight.)

COUNT (after the first attack).

Oh! I see you are strong as you're brave.

RODRIGO.

My equals in battle, I own it, are few,
And my conquerers rare—
And for such foes as you,
I've but one answer—(runs him through the body)—There.

COUNT (falling).

Ah!

RODRIGO (throwing himself down by the Count's body).

Great Heaven! What have I done? Oh! despair!
(Enter servants and people.)

SERVANTS.

The Count! Our dear master! lies murdered. Oh! where
Shall we fly? He is slain, shall we tamely stand by?
He is bleeding and wounded. Alas! he will die.

PEOPLE (hurrying up).

What is this, what has happened?—perhaps he still lives.
Alas! he is murdered—his heart no throb gives.
Cold, quite cold, Oh! despair!

(Enter Don Diego and friends.)

DON DIEGO.

Gormas dead! (To his friends) Sirs, your aid is in vain,
My own son has avenged me. My enemy is slain. (Goes to Rodrigo with open arms.)
Rodrigo, my son! Thou has saved my fair name,
For the life that I gave thee, thou'st given me fame!

RODRIGO (sadly).

I repent not that I have thine honor restored,
But the price I have paid, by my conquering sword,
Is too much, for my victory still must I grieve;
I have lost all for thee—
What I owe thee, receive.
(The servants have lifted the body and carried it into the palace, followed by a part of the crowd.)
(Ximene appears on the threshold, pale and disheveled.)

XIMENE.

Slain! slain! Who has done this? By Heaven I vow (she comes down),
By his blood, by my love, by my soul, hear me now.
Gracious Heaven, who e'er it may be
Who hath slain my dear father—my enemy he!
(A requiem is heard from the palace.)

[Avec des sanglots et comme se parlant à elle-même]
                    Mon père!
Si grand, si glorieux,
Et si bon! Ce matin, comme avec de doux yeux
Il disait: Mon enfant peut l'aimer et me plaire!
    [A ces mots, Rodrigue se voile le visage de ses
        mains.]
[Chant funèbre dans le palais. Se redressant et
    avec un cri farouche.]
    Non, pas d'oubli, ni de pardon!
                    [A la foule.]
    Mais répondez-moi donc!
        Il faut que l'on me nomme
Le meurtrier!
[Silence général. Chimène allant à l'un des assistants.]
    C'est toi? Non! tu l'aimais!
                    [A un autre.]
    C'est toi peut-être? Ah! tu n'aurais jamais
Eu ce courage.
                    [A un autre.]
            Toi?
        [Avec une rage croissante.]
            Dieu! Le nom de cet homme,
Qui m'a pris mon bonheur, mon orgueil, mon appui!
Parlez! Parlez!
    [Elle arrive devant Rodrigue et pousse un cri
        en le voyant si pâle et si accablé. Elle a
        tout compris. Avec horreur.]
    Ah! Lui! Ciel! Rodrigue! C'est lui!
    [Le rideau tombe lentement pendant que l'on
        entend encore dans l'intérieur du palais le
        chant religieux.

QUATRIÈME TABLEAU.

LA GRANDE PLACE DE BURGOS.

A gauche, le palais du Roi. Journée de printemps.
Clair soleil. Foule. Tableau très animé dès le
lever du rideau. Danses populaires.

SCÈNE PREMIÈRE.

LA FOULE. On danse.
    Jour béni! jour de largesse,
    D'espérance et de gaîté!
    Nos cœurs sont pleins d'allégresse,
    Le ciel est plein de clarté,
    Et les peuples ont l'ivresse
    Quand les rois ont la bonté!

[Infante paraît et va de groupe en groupe, suivie
    de moines et de jeunes filles portant des corbeilles et des aumônières.]

L'INFANTE, à un groupe de vieillards et d'enfants.
    Plus de tourments et plus de peine
    Au jour attendu si longtemps!
    Le printemps sans la joie humaine
    Serait-il encore le printemps?
            [Distribuant les aumônes.]
    Prenez, c'est Dieu qui vous le donne!
        Alleluïa! Alleluïa!
    Dieu jamais ne nous abandonne
    Quand jamais on ne l'oublia!
        Alleluïa!

LES MOINES, LES JEUNES FILLES.
    Alleluïa! Alleluïa!
[Deux couples de fiancés s'approchent de l'Infante.]

L'INFANTE.
    Allez en paix, vous que l'on aime,
    Allez en vous donnant la main.
    N'avez-vous pas le bien suprême
    Que tant de cœurs cherchent en vain!
    L'amour! c'est Dieu qui nous le donne!
        Alleluïa! Alleluïa!
    Gardez ce trésor qui rayonne
    Et que le ciel vous confia!
        Alleluïa!

LES MOINES et LES JEUNES FILLES.
    Alleluïa! Alleluïa!

LE CHŒUR.
    Jour béni, jour de largesse,
    D'espérance et de gaîté,
    Nos cœurs sont pleins d'allégresse,
    Le ciel est plein de clarté!

    [De nouveaux groupes arrivent en scène.]

SCÈNE II.

L'INFANTE, LE ROI, SEIGNEURS, CHIMÈNE, LA
    FOULE. Le roi paraît.

LA FOULE, apercevant le roi, le salue de ses cris de
    joie.
    Le Roi! Le Roi! Salut à notre maître,
    Au généreux et doux seigneur!
[Le roi descend les degrés du palais. L'Infante s'avance vers lui.]

L'INFANTE.
    Mon père! Ah! que j'ai de douceur
    A voir toujours, quand vous daignez paraître,
    Ce peuple si joyeux sur vos pas accourir!

LE ROI, avec tendresse.
Des respects, de l'amour qu'il témoigne à toute
        heure,
Ma fille, je vous dois une part, la meilleure:
Je fais craindre ma loi, vous la faites chérir!
    [On entend au dehors la voix de Chimène criant:
        Justice! Mouvement général.]

CHIMÈNE, entrant précipitamment.
Sire! Sire! Justice! On a tué mon père!
Je me jette à vos pieds; j'embrasse vos genoux!
    Ah! Sire, écoutez ma prière!
Vengez ce noble sang qui fumait de courroux
De se voir répandu pour d'autres que pour vous!

LE ROI.
Et de qui faut-il donc que je tire vengeance?

CHIMÈNE.
De Rodrigue!

LE ROI, douloureusement.
    Rodrigue! Ah! j'attendais ce nom,
Il n'est pas de ceux-là qui gardent une offense!

CHIMÈNE
Sire, je l'ai juré: ni pitié ni pardon,
    Jamais, jamais pour cet infâme!
J'implore ta justice, ô roi!
    [Voyant l'hésitation du roi, elle se redresse.]
            Je la réclame!

My father! so glorious, great and good,
Only this morning with his loving eyes
He gazed upon me and called me his prize.

(Rodrigo hides his face in his hands.)

(The funeral hymn continues. Ximene starts up in fury.)

No mercy, no forgiveness (to the crowd).
Tell me the villain's name—the assassin—

(She goes from one to another.)

Is't thou—No, thou lovest him. Ah!
Perhaps 'tis thou—No, thou wouldst not dare.

(To another) Thou! (her anger increasing.)

Great Heavens, tell me his name!
Who has done this? Who's guilty? Who's to blame.
Speak, speak!

(She comes to Rodrigo, and utters a piercing cry as she sees his discomposure.)

Oh, thou! Rodrigo—Oh, Great God, 'tis he!

(The curtain falls slowly, as the hymn continues to resound from the palace.)

SCENE IV.

The Grand Square of Burgos.

(R) The King's palace. The weather is spring-like and clear, a crowd is assembled and is very animated, dancing and singing.

PEOPLE (as the dance goes on).

Oh! happy day, of joy and gladness,
  Come let us all be gay,
Our hearts have no more room for sadness.
  Oh! happy, flowery May.
We feel a kind of merry madness,
  And haste to sport and play.

(The Infanta enters, followed by monks and young girls carrying baskets of flowers and gifts. She goes about among the groups.)

INFANTA.

Away with sorrow, grief and pain,
  Let joy-bells gaily ring;
If we, from spring, no pleasure gain,
  We cannot call it spring.
        (She gives alms.)
Take them, with joy, the gifts of Heaven,
  Alleluia; Allelulia;
With gratitude for what is given.
  Alleluia.

MONKS.

Alleluia! Alleluia!

(Two bridal couples approach the Princess.)

INFANTA.

May love and peace your union bless,
  May you live free from pain.
Love is the bride of happiness,
  That men oft seek in vain.

Love comes from Heaven, 'tis God's own gift,
  Alleluia! Alleluia!
From dark despair, the soul 'twill lift.
  Alleluia! Alleluia!

MONKS AND YOUNG GIRLS.

Alleluia! Alleluia!

CHORUS OF PEOPLE.

Oh! happy day of joy and gladness,
  Come let us all be gay,
Our hearts have no more room for sadness,
  Oh! happy, flowery May.

BALLET.

(The King enters attended by Nobles.)

PEOPLE (seeing the King).

Long live the King! Our noble Lord!
We welcome him with joy.

(The King descends the palace steps. The Infanta approaches him.)

My father! Here is no alloy
To our great bliss, with one accord,
A happy people greet you with a cheer.

KING (tenderly).

And every cheer, each loyal loving word
I share with you, my daughter, ever dear,
The Angel you of pity, I the Gnome of fear,

(Ximene's voice is heard outside. A general movement.)

XIMENE (enters hastily).

Justice, great King, for my dear father slain,
Here at your feet, for justice I implore;
    To you I now complain;
Avenge the noble blood oft shed for you,
Give to the murderer the sentence due.

KING.

On whom then must my righteous vengeance fall?

XIMENE.

On Rodrigo!

KING.

   The bravest knight of all!
Such man as he I would not guilty call.

XIMENE.

Sire, I have sworn, and I will keep my oath,
Nor pity, nay, nor pardon for the hand
That shed my father's blood. Justice, I demand!

(Seeing that the King hesitates, she insists.

KING.

May Heaven guide me. I hesitate for both.

XIMENE.

Did he, then, hesitate to crush my soul?
Sire, your duty here is plain.
Justice is due, let naught your hand restrain.
The villain's sentence written is in blood,
And by the King should well be understood.
        (With increased grief and passion.)

LE ROI.
Ah! puis par le ciel l'arrêt m'être dicté
Lorsque j'hésite encore!

CHIMÈNE.
A-t-il donc hésité
Lui ; pour briser mon âme ?
Afin que ton esprit
En ce moment s'éclaire
Ne cherche pas au ciel, interroge la terre!
Roi, par le sang versé le devoir est écrit!
[Avec plus de douleur et de passion.]
Lorsque j'irai dans l'ombre
Aux plis d'un voile sombre
Cachant mon front terni,
Faut-il que je le voie
Passer ivre de joie
Et d'orgueil impuni!
C'est en toi que j'espère,
Tu seras mon soutien,
Il a tué mon père!

SCÈNE III.

LES MÊMES, DON DIÈGUE, RODRIGUE.

DON DIÈGUE, qui a paru sur les dernières paroles de Chimène, s'avançant la main posée sur l'épaule de Rodrigue.
Il a vengé le sien!
[Mouvement général de la foule.]

TOUS, divers groupes.
Honneur à lui! Malheur à lui! Justice! Grâce!
—Punissez tant d'audace!
—Pardonnez sa valeur!
—Honneur à lui!—Sur lui malheur!

LE ROI, d'un geste, impose silence à la foule et à ses seigneurs, puis se tournant vers Don Diègue.
Vous, Don Diègue, parlez!

DON DIÈGUE.
Qu'on est digne d'envie
Lorsqu'en perdant la force on perd aussi la vie.
Je me vois aujourd'hui, pour avoir trop vécu
Recevoir un affront et demeurer vaincu,
Moi dont les longs travaux ont acquis tant de gloire!
Moi! que jadis, partout, a suivi la victoire!
Rodrigue est mon fils, Sire! Un fils digne de moi,
Digne de son pays et digne de son roi!
Si Chimène se plaint qu'il a tué son père,
Il ne l'eût jamais fait si je l'eusse pu faire!
Immolez donc celui que les ans vont ravir
Et conservez pour vous le bras qui peut servir!
Satisfaites Chimène,
Je consens à ma peine,
Et loin de murmurer d'un rigoureux décret,
Mourant sans déshonneur, je mourrai sans regret.

CHIMÈNE, avec énergie.
Sire! Mon père est mort! Et j'attends votre arrêt.

ENSEMBLE

LE ROI.
Ah! je doute et je tremble à l'arrêt qu'il faut rendre!
Par le juge éternel que je sois entendu!
Si le sang veut du sang, s'il osa le répandre,
Par l'honneur qu'il servait n'est-il pas défendu ?

L'INFANTE.
Que sévère ou clément soit l'arrêt qu'il faut rendre,
Les voilà séparés par le sang répandu!
Et je sens, malgré moi, tout mon cœur se reprendre
A l'espoir d'un bonheur qui m'était défendu!

RODRIGUE.
O tourment de la voir! ô douleur de l'entendre!
Comme il est loin de moi le bonheur attendu!
A quoi bon résister et pourquoi me défendre ?
A jamais entre nous est le sang répandu!

CHIMÈNE.
Qui pourrait hésiter dans l'arrêt qu'il faut rendre,
N'est-il pas réclamé par le sang répandu ?
Rien ne peut le sauver! Rien ne doit le défendre.
Je tiendrai le serment par le ciel entendu!

DON DIÈGUE.
Un affront à punir veut du sang à répandre,
Et l'arrêt sans terreur est par nous attendu.
Par l'honneur qu'il servait et qu'il a su défendre,
Que Rodrigue à son tour soit aussi défendu!

AMIS DU COMTE et LA FOULE.
Il n'est plus, celui-là, qui savait nous défendre!
Rigoureux soit l'arrêt en ce jour attendu!
Oui, le sang veut du sang; il osa le répandre
Et Rodrigue à jamais par son crime est perdu!

AMIS DE DON DIÈGUE et LA FOULE.
Un affront à punir veut du sang à répandre
Et l'honneur des vaillants est toujours entendu!
C'était lui qu'il servait et qu'il a su défendre,
Que Rodrigue à son tour soit par lui défendu!
[Soudain des appels de trompettes retentissent au dehors.]

LE ROI.
Ces appels ? Qu'est-ce donc ?

LE CHŒUR, regardant.
Sire! Un cavalier maure!
[Paraît un cavalier suivi de quelques soldats maures.]

LE ROI.
L'infidèle ose-t-il encore
Paraître devant moi!

L'ENVOYÉ MAURE.
Roi!
Baobdil notre maître et l'Elu du Prophète,
Lassé de son repos que vous nommiez retraite
A repris le chemin qui mène à tes Etats
Et par ma voix t'appelle à de nouveaux combats!
[Mouvement dans la foule.]

LE ROI.
Puisque ton maître à la défaite
Veut ramener ses compagnons,
Retourne sur tes pas! Dis-lui que nous venons!

TOUS.
Retourne sur tes pas! Dis-lui que nous venons!

LE ROI.
Quant au nombre de ceux qui tentent l'aventure,
Peu nous importe avant le combat commencé!
Car nous savons, je te le jure,
Ce qu'il en restera quand nous aurons passé!

TOUS.
Il n'en restera plus quand nous aurons passé!
[L'envoyé maure s'éloigne.]

LE ROI, à ses seigneurs.
Vous avez entendu sa parole hautaine!
[A Rodrigue, avec un reproche douloureux.]

While in the dark I go,
Veiled by a mist of woe,
Hiding my wretched face,
Must I the traitor see,
Flaunting his villainy
To my disgrace?
My trust, Sire, is in thee,
Be thou my refuge sure,
My rock that shall endure.
He slew my father!
(Don Diego enters and places his hand upon the shoulder of Rodrigo.)

DON DIEGO.

And avenged his own!
                (The crowd is moved.)

PEOPLE (in groups).

He did right!
He did wrong! } etc.
Justice!
Mercy!

(The King imposes silence by a gesture—then turns to Don Diego.)

KING.

Speak, Don Diego.

DON DIEGO.

Happy is the fate
Of him who dies, ere yet it be too late
To guard his honor! Age has come to me,
And insult in this day of misery.
I. who by valor have great glory won,
Have been obliged to battle by my son,
Rodrigo—worthy of his sire
Is he, and of his King and country. Dire
Disgrace was put upon me, and had I
Not been a weak old man, no puling cry
For help should I have uttered. Let thy sentence fall
On me, for whom Rodrigo ventured all.
    I yield my life
      To heal this strife,
And bow submitting to the decree
That from this useless body sets me free.

XIMENE (with energy).

My father's spirit cries for help to thee.

TOGETHER.

KING.

My mind misgives me now what course to take,
  Oh! Heavenly Judge, vouchsafe to lead me right,
If blood must pay for blood, revenge to slake,
  Why is the slayer odious in thy sight.

INFANTA.

Whatever form this bloody business take,
  These two must severed be by law and right.
Against my will, my heart doth fondly ache
  For him I love, in whom I still delight.

RODRIGO.

Oh! torment of true love, oh! cruel spite,
  Fate does her vengeance now upon me take.
I can no more, defenceless am I quite,
  Blood must a barrier between us make.

XIMENE.

No choice is mine. The path that leads to right
  Must still be mine—none other dare I take.
Alas, he's lost forever. From my loving sight,
  My oath must shut him, for my father's sake.

DON DIEGO.

Blood pays for blood, and my revenge to slake,
  My son has dared to battle for the right.
May Heaven in pity mercy on us take,
  And save him who avenged his father's slight.

PEOPLE AND FRIENDS OF THE COUNT.

No longer does he live who still would take
  The part of justice and defend the right.
Blood calls for blood. Atonement he must make
  And, on his head must vengeance now alight.

FRIENDS OF DON DIEGO AND PEOPLE.

A just revenge! For his old father's sake,
  Rodrigo fought. May Heaven defend the right.
Blood calls for blood. He had one course to take—
  'Tis filial duty, for a father's slight.
                (Trumpets sound outside.)

KING.

What is't?

PEOPLE (looking off).

A Moorish cavalier.
(A Moorish knight and several soldiers appear.)

KING.

What heathen dares appear
Before my sight?

MOORISH ENVOY.

Oh! King,
Our master, Boabdil, the chosen one of Heaven—
Weary of rest, which you call his retreat,
Hath taken base, and by my feeble voice
Calls you to arms. Order your drums to beat.
                (Excitement.)

KING.

Since thy master himself will cheat
With futile hope of victory, 'tis well!
Go back, and my defiance to him tell.

ALL.

Go back, and our defiance to him tell!

KING.

The full count of his force is not our care
How many he may number e're the fight,
But after it, by Heaven, I boldly swear,
His numbers shall be scant, his squadrons light.

ALL.

His numbers will be scant, his squadrons light.
                (The envoy departs.)

KING (to the Nobles).

You heard the infidel?   (to Rodrigo.)
  Rodrigo! What hast done?

Rodrigue, qu'as-tu fait !
Quand notre ennemi reparaît,
Mon plus vaillant guerrier, mon plus fier capitaine
Tu me l'as enlevé !

DON DIÈGUE, s'avançant résolument.

Eh bien ! Sire, qu'il le remplace !
Dans cette sombre nuit s'il vous a trop prouvé
Sa force et son audace,
Qu'il vous l'atteste mieux au jour qui s'est levé !

[Aux soldats. Au peuple.]

Oui, qu'il soit votre chef ! Si vous voulez le suivre,
Si son bras le défend, le pays est sauvé !

TOUS.

Oui ! qu'il soit notre chef ! Oui, nous voulons le suivre,
Si son bras le défend, le pays est sauvé !

RODRIGUE, frémissant, au Roi.

Ah ! Sire ! Ecoutez-les ! Permettez-moi de vivre
Un jour encore ! Le temps d'être vainqueur !

LE ROI.

J'y consens ! Sois leur chef !

CHIMÈNE.

Lui ! Dieu vengeur !

LE ROI, à Rodrigue.

Va combattre pour la patrie !
[A Chimène.]
Nous compterons après ! J'ai pour gage sa vie !

ENSEMBLE.

CHIMÈNE.

Ah ! justice d'abord, justice ! Ecoutez-moi !
C'est la cause de Dieu que déserte le Roi !

L'INFANTE, à Chimène.

Suspendre sa justice est le devoir du Roi !
Laisse Dieu prononcer entre Rodrigue et toi !

LE ROI, DON DIÈGUE, SES PARTISANS, LA FOULE.

Va combattre, Rodrigue, et prouver à ton Roi
Que ce qu'il perd au comte, il le retrouve en toi !

LES PARTISANS DE CHIMÈNE.

C'est la cause de Dieu que déserte le Roi !

RODRIGUE, à Chimène.

Ah ! laisse-moi mourir pour l'Espagne et le Roi ;
Ma mort en les servant te vengera de moi !

ACTE TROISIÈME.

CINQUIÈME TABLEAU.

LA CHAMBRE DE CHIMÈNE.

SCÈNE PREMIÈRE.

CHIMÈNE, assise, accablée, la tête dans ses mains.

De cet affreux combat je sors l'âme brisée !
Mais enfin je suis libre, et je pourrai, du moins,
Soupirer sans contrainte et souffrir sans témoins.
Pleurez, pleurez mes yeux ! Tombe, triste rosée.
Qu'un rayon de soleil ne doit jamais tarir !
S'il me reste un espoir, c'est de bientôt mourir !
Pleurez mes yeux ! Pleurez toutes vos larmes !
[Se redressant.]
Mais qui donc a voulu l'éternité des pleurs ?
O chers ensevelis, trouvez-vous tant de charmes
A léguer aux vivants d'implacables douleurs ?
[Rêveuse.]
Je me souviens ! Je crois encore l'entendre dire :
" Tu ne saurais jamais conduire
" Qu'aux chemins glorieux.
" Ou qu'aux sentiers bénis...."
[Douloureusement.]
Pleurez, pleurez, mes yeux !
[Rodrigue paraît.]

SCÈNE II.

CHIMÈNE, RODRIGUE.

CHIMÈNE, avec effroi.

Rodrigue ! Toi, toi dans cette demeure !

RODRIGUE, doux et résigné.

Alors que je te laisse ou devant que je meure
Une dernière fois j'ai voulu te revoir !

CHIMÈNE, sombre.

Tu viens me reprocher l'éclat de ma colère !
Pourtant je sais de toi comme on fait son devoir !

RODRIGUE, toujours loin d'elle.

De ce que tu peux faire
Je ne reproche rien,
Venant de toi, Chimène, tout est bien !
En vain tu seras cruel ;
Je garde à ton cœur fermé
Reconnaissance éternelle
De m'avoir un jour aimé.

ENSEMBLE.

O jours de première tendresse
Même alors que vous n'êtes plus,
En nous demeure votre ivresse
Comme on reste ébloui de rayons disparus !

CHIMÈNE, émue.

Qui de nous deux, Rodrigue, a la plus rude peine ?

RODRIGUE.

Celui-là qui n'a point l'oubli de ses amours !

CHIMÈNE.

Mais la gloire t'attend aux chemins où tu cours !

RODRIGUE.

Y devais-je courir en emportant ta haine ?

CHIMÈNE.

Va, je ne te hais pas !

RODRIGUE, se rapprochant.

Tu le dois !

CHIMÈNE.

Je ne puis ! Hélas !
Si d'un autre que toi j'avais appris les larmes,
Mon âme aurait trouvé dans le bien de te voir
L'unique allègement qu'elle eût pu recevoir ;
Mais quand c'est de toi seul que viennent mes alarmes,
Mon faible cœur se brise à te vouloir punir.
Je demande ta vie et crains de l'obtenir !

Ta'en from my side my warrior, my son!
The bravest knight in all my gallant band,
Thou'st robbed me of, by that unruly hand.

DON DIEGO (coming forward resolutely).

He'll give him back to thee, and to his land.
If in this sombre night he may have erred
By over zeal, he'll mend it. Take my word—
(To the soldiers and people.)
If to the battlefield he lead you on,
The country's saved. The glorious victory won!

ALL.

He to the battlefield shall lead us on.
The country's saved. The glorious battle won!

RODRIGO (to the King, trembling).

Oh! hear them, Sire; let me but lead them on—
Grant me one day, until the fight be won!

KING.

So be it! now to arms.

XIMENE.

What has he done?

KING (to Ximene).

Redeemed his country—if the fight be won.
We'll reckon with him after. I've his gage—
And he'll redeem it.

XIMENE.

My soul is fired with rage.
Break not the rod
Of justice, nor desert the cause of God.

INFANTA (to Ximene).

The King's hand holds of justice still the rod—
Leave your revenge to him and to your God.

THE KING, DON DIEGO, HIS FRIENDS AND THE PEOPLE.

Unfurl thy standard to the winds abroad,
Atone thy crime and leave the rest to God.

THE FRIENDS OF XIMENE.

Of sacred justice break not now the rod.

RODRIGO TO XIMENE.

Oh, let me die for Spain and for my God,
The foe's lance may of vengeance be the rod.

CURTAIN.

ACT III.

SCENE V.

XIMENE'S CHAMBER.

XIMENE (seated with her head in her hands).

My heart is broken, by internal strife,
But I am free, and can my misery bear
In secret, with no witness to my care.
Weep, weep, poor eyes, weep for my wasted life,
No ray of hope to dry the rain of tears
Shines forth. Death is the only refuge that appears—
(Draws herself up.)
But why should tears eternal gush and flow,
Why thus indulge in luxury of woe?
Departed ones, why do you burden me
With grief implacable, and misery. (In reverie.)
I think I hear him fondly say,
To fame and glory thou must lead the way,
Or to the heavenly realm—the endless day.
(Sadly) Weep then, weep on!
(Rodrigo appears.)
Rodrigo! You! here in this dangerous place?

RODRIGO (resigned and quiet).

I felt that once more I must see your face
Before I die, and hither have I fled.

XIMENE (gravely).

You come to heap reproaches on my head,
And yet from you I learned at duty's call.

RODRIGO (not coming near her).

I blame not, it is all
That you could do,
And must be right in that it comes from you.
In vain, oh! cruel fair!
To shut me out you dare.
You loved me once I know,
And loved with fiercer glow.

BOTH.

Oh! blessed days of love and gladness,
Though forever passed away,
Through the night of gloom and sadness,
Comes the remembrance of love's ray.

XIMENE (much moved).

Of us two, which has suffered most?

RODRIGO.

Who of true love counts not the cost?

XIMENE.

Glory to you, and honor great.—

RODRIGO.

Are worthless since I bear your hate.

XIMENE.

I hate you not.

RODRIGO (coming to her).

You ought.

XIMENE.

Alas, I can't!
If anyone but you had caused my grief,
Your sight alone would quickly bring relief—
My refuge from despair would be your arms;
Safe there, I'd feel no vengeance nor alarms;
But since you've caused my sorrow and my pain,
I seek your life—but hope to seek in vain.

RODRIGUE.

O miracle d'amour!

CHIMÈNE.

O comble de misères!

ENSEMBLE.

Que de maux et de pleurs nous coûteront nos pères!

CHIMÈNE.

Ah! Rodrigue, qui l'eût pensé!

RODRIGUE.

Ah! qui nous l'aurait dit, Chimène?

ENSEMBLE.

Que la félicité prochaine
Aurait si loin de nous et si vite passé!

CHIMÈNE.

Tais-toi! c'est assez de blasphèmes!
J'offense en t'écoutant
Et la tombe et le ciel! Va-'en, va-t'en, va-t'en!

RODRIGUE, qui a reculé sous le geste et la parole de Chimène.

Reçois donc mes adieux suprêmes!
Je vais mourir!

CHIMÈNE, faisant un pas vers Rodrigue, comme pour le retenir.

Mourir! L'ennemi qui t'attend
Est-il si redoutable
Qu'il donne l'épouvante à cette âme indomptable!
Ou n'as-tu de courage et d'élan et d'ardeur
Que pour frapper mon père et me briser le cœur?
Quoi! faut-il que ce soit Chimène qui t'engage
A conserver des jours qui lui sont un outrage!
Va, cours, vole au combat! Et qu'importent la rage
Et le nombre et l'instant et le lieu. Souviens-toi!
Sauve, tu l'as juré, ton pays et ton roi!
Te dirai-je encor plus! Va, songe à ta défense.
Si jamais je t'aimai, cher Rodrigue, entends-moi;
Pour forcer mon devoir, pour m'imposer silence,
Tu le peux, tu le dois,
Reviens si grand et si chargé d'exploits
Qu'on serait moins coupable en contemplant ta gloire
D'oublier le passé que d'en garder mémoire!

RODRIGUE.

Elle pardonnerait! Dieu! pouvais-je le croire?

ENSEMBLE.

CHIMÈNE.

Pour celui que j'aimais
Mon cœur tressaille encore,
Et Dieu qu'en vain j'implore
Nous sépare à jamais!

RODRIGUE.

Dieu bon, tu le permets!
De celle que j'adore,
Le cœur tressaille encore!
[Avec éclat.]
Je reviendrai vainqueur!

CHIMÈNE, éperdue.

Ah! qu'ai-je dit! non! non!
Adieu, va-t'en! Non! pas d'oubli ni de pardon!
Je n'ai rien dit!

Ces mots me font mourir de honte.
[Elle s'enfuit.]

SCÈNE III.

RODRIGUE, seul.

RODRIGUE, avec enivrement.

Est-il quelque ennemi qu'à présent je ne dompte?
Paraissez, Navarrais, Maures et Castillans,
Et tout ce que l'Espagne a nourri de vaillants!
Accourez par les mers, par les monts ou la plaine!
La terre est à Rodrigue et Rodrigue à Chimène!

SIXIÈME TABLEAU.

LE CAMP DE RODRIGUE.

A l'horizon, la mer. Le soir. Des capitaines et des soldats boivent et chantent. A gauche sont accroupis des prisonniers, des captives et des musiciens maures. Désordre pittoresque.

SCÈNE PREMIÈRE.

CAPITAINES et SOLDATS.

Vivons sans peur et sans remords
L'enfer est un mensonge et le ciel est un rêve
Mais la terre est a nous, car nous sommes les forts
Et notre droit c'est notre glaive!
Du vin, de l'amour, de l'or,
Chaque jour fêtes nouvelles!
Pour nous les femmes sont belles!
Pour nous s'emplit le trésor!

[Sur un geste des capitaines, deux captives se lèvent et dansent. Les musiciens les accompagnent avec leurs instruments.]

RAPSODIE MAURESQUE.

SCÈNE II.

LES MÊMES, RODRIGUE.

Rodrigue paraît suivi d'un groupe de capitaines et de soldats.

RODRIGUE, aux soldats qui boivent.

Insensés! Vous donnez à la honteuse ivresse
Le temps que le Seigneur vous laisse
Pour vous préparer à la mort?
[Mouvement.]

CAPITAINES et SOLDATS, deuxième groupe, avec assurance.

La victoire est à nous!

RODRIGUE.

Non! Une armée immense
S'étend autour de nous, et grandit et s'avance;
Contre elle il faut tenter notre suprême effort!

SOLDATS, premier groupe.

Non! Pourquoi résister? Partons avant l'aurore!
Fuyons!

RODRIGUE.

Qui parle de s'enfuir?

SOLDATS, deuxième groupe.

Nous sommes avec toi!

RODRIGUE.

Nous pouvons vaincre encore!

RODRIGO.

Oh, miracle of love!

XIMENE.

Oh, depth of woe.

BOTH.

What legacy of tears our fathers now bestow.

XIMENE.

Oh, Rodrigo, who could have this foreseen?

RODRIGO.

Oh, dear Ximene, would it had not been!

BOTH.

Our bliss was then so near and now so far,
Oh, cruel Fate, our destiny to mar!

XIMENE.

No more; I err in harkening to you. Go!
'Tis blasphemy!
The dead upbraids me. Go!
RODRIGO (steps backward).
Farewell for evermore, for I go to die!
XIMENE (making a step forward as if to restrain him).
Is then the foe so terrible, must I
Believe that you have courage but to slay
A poor old man, whose strength has had its day?
Must thus Ximene plead with you to save
The life that sent her father to the grave,
To do her country honor? You have sworn
To save your country, harassed and forlorn,
And guard your King. Haste, then, to keep your oath,
For both our sakes. Rodrigo, yes, for *both!*
If you have ever loved me, if you'd have
Me silent be on that unhappy grave
In which my father lies, then seek the foe
And in the fierce encounter lay him low.
So shall your crime atoned forever be,
And no revenge shall come 'twixt you and me.

RODRIGO.

She pardons! and I bow to love's decree.

XIMENE.

For him I love
Still beats my heart,
In vain I strive from him to part.

RODRIGO.

You love me still.
Ah! I can go
To battle fierce
Against the foe.

XIMENE (shocked).

Go! go—begone—I've nothing said—
No, no! 'Twere shame—would I were dead!
(She runs off.)

RODRIGO (alone, elated).

No enemy can I now fear.
Moors or Castilians, were they here,
With all the heroes that of Spain
Make the renown on hill or plain,
Rodrigo dares ye—for love casts out fear!

SCENE II.

THE CAMP OF RODRIGO.

The sea in the distance. Evening. Officers and soldiers drinking and singing. (L) Prisoners are crouching together with Moorish musicians. All is in picturesque disorder.

OFFICERS AND SOLDIERS.

Let us live gay and free, and still good comrades be.
  The future's a mystery. Heaven and Hell are but dreams,
This earth, it is ours, so enjoy it with glee—
  Our sword is our sceptre, how brightly it gleams.
    Love, wine and gold,
      That's our battle-cry,
    For us no woman's old,
      For us no goblet's dry.
(At a sign from the officers two captives dance, accompanied by the Moorish musicians.)

MOORISH RHAPSODY.

(Rodrigo appears followed by a group of military men.)

RODRIGO (to the drinking soldiers).

Madmen! You waste in idle wantonness
The time by Heaven granted you to bless
The world and to prepare for death.
      (The soldiers are astonished.)

OFFICERS AND SOLDIERS.

The victory is ours!

RODRIGO.

Not so! a mighty host
Advances on us—we must hold the post
Against an army far outnumbering ours.

SOLDIERS (first group).

No! Let us fly, before the conquering powers.

RODRIGO.

Who speaks of flight?

SOLDIERS (second group).

Not we. Have with you!

RODRIGO.

We may conquer yet.

SOLDATS, premier groupe.

Le sort est contre nous!

RODRIGUE.

On peut toujours mourir!

ENSEMBLE.

CAPITAINES et SOLDATS, deuxième groupe.

Tu ne seras pas seul à l'instant redoutable,
Il en est parmi nous qui ne désertent pas!

SOLDATS, premier groupe.

Combattre sans espoir est démence coupable;
Nous gardons notre sang pour de plus sûrs combats!

RODRIGUE.

Allez donc! Et que Dieu vous juge!
Dans Grenade il est un refuge,
Le Roi s'y retranche aujourd'hui;
Quand vous le trahissez, nous, nous mourrons pour lui!

ENSEMBLE.

DEUXIÈME GROUPE.

Tu ne seras pas seule à l'instant redoutable,
Il en est parmi nous qui ne désertent pas!

PREMIER GROUPE.

Combattre sans espoir est démence coupable,
Nous gardons notre sang pour de plus sûrs combats!

RODRIGUE, d'un dernier geste chasse les fuyards, puis se tourne vers ses soldats. La nuit est venue peu à peu.

Amis au cœur fidèle,
Cherchez dans le repos l'oubli de notre sort!
Que l'ange du sommeil effleure de son aile
Les fronts déjà promis à l'ange de la mort!

[Les soldats s'éloignent. Les derniers appels de trompettes se répondent puis s'éloignent au loin dans le camp. Tout repose.]

[Changement à vue.]

SEPTIÈME TABLEAU.

LA TENTE DE RODRIGUE.

SCÈNE PREMIÈRE.

RODRIGUE, seul, avec un profond découragement.

Ah! tout est bien fini. Mon beau rêve de gloire,
Mon rêve de bonheur s'envolent à jamais.
Tu m'as pris mon amour, tu me prends la victoire,
Seigneur, je me soumets!

O souverain, ô juge, ô père,
Toujours voilé, présent toujours,
Je t'adorais au temps prospère,
Et te bénis aux sombres jours.
Je vais où ta loi me réclame,
Libre de tous regrets humains,
Ta seule image est dans mon âme
Que je remets entre tes mains.

[Une lueur grandit peu à peu et se détache sur le fond de la tente.—C'est l'image vivante de saint Jacques qui apparaît pendant que des voix célestes se font entendre.]

SCÈNE II.

RODRIGUE, SAINT JACQUES.

RODRIGUE.

Ces voix, ces voix d'en haut! la nuit s'éclaire!

SAINT JACQUES.

Rodrigue, jusqu'au ciel a monté ta prière.
Qui donne le fardeau prête aussi le soutien,
Et je l'apporte au fils, au soldat, au chrétien!

RODRIGUE.

Ah! saint Jacques! Naguère
Il a reçu ma foi,
Il m'entendait! il vient à moi!

SAINT JACQUES et LES VOIX DU CIEL.

Le bonheur, la gloire
Viennent du Seigneur;
En lui tu sais croire,
Tu seras vainqueur!

[La vision disparaît.]

RODRIGUE, avec égarement.

La vision s'efface
Sous le ciel étoilé!

[Comme transfiguré.]
Ah! le souffle d'en haut a passé sur ma face!
Dieu m'a parlé!

[La foudre éclate. Le tonnerre gronde avec force. La tente s'engloutit.]

HUITIÈME TABLEAU.

LE CAMP.

Au lever du jour. Les soldats accourent par groupes. Les fanfares se rapprochent.

SCÈNE UNIQUE.

RODRIGUE, SOLDATS.

LES SOLDATS.

Debout! amis! aux armes!

RODRIGUE.

Dieu m'a parlé! compagnons, plus d'alarmes!

LES SOLDATS.

Nous sommes prêts! Mourons en combattant!

RODRIGUE.

C'est le triomphe et non la mort qui nous attend!
[Il tire son épée; tous l'imitent.]
O noble lame étincelante,
Pure comme un regard d'enfant,
A moi, gardienne vigilante
Et fais notre honneur triomphant.
Viens! dans les batailles nouvelles,
Mets ta rayonnante clarté!
Viens! sois de flamme, prends des ailes
Pour l'Espagne et sa liberté!

[Attaque du camp par les soldats maures.—Mêlée.]

"LE CID."

SOLDIERS (first group).

Fate is against us.

RODRIGO.

Then death must be met.

TOGETHER.

OFFICERS AND SOLDIERS (second group).

You shall not be alone in the moment of danger,
We are faithful to you and will conquer the
    stranger.

SOLDIERS (first group).

To fight without hope is to rush into danger,
Our blood was not made to be shed by the
    stranger.

RODRIGO.

Go, then, and may God be your judge;
In Granada like cowards you may trudge.
If you desert the King, so will not we;
You may betray him—faithful we will be.

SECOND GROUP.

You shall not be alone in the moment of danger,
We are faithful to you and will conquer the
    stranger.

FIRST GROUP.

To fight without hope, is to rush into danger,
Our blood was not made to be shed by the
    stranger.

RODRIGO (signals the cowards to depart, then
    turns to the soldiers. It grows dark).

My faithful friends, seek now an hour's repose,
Sleep till the herald of the morning crows.
May tranquil slumber lay its drowsy wreath
On brows devoted to a soldier's death.
(The soldiers disperse. The last trumpet call is
heard. All sink to repose.)

SCENE CHANGES.

SCENE III.

RODRIGO'S TENT.

RODRIGO (alone, sadly).

All's at an end, my dream of glory o'er,
  My hope of happiness forever fled.
Oh! Heaven accept my sacrifice, and pour
  Thy blessing on my loved Ximene's head.
Oh! Lord of Heaven and earth and sea,
  Thou ever present, ever near,
I worship thee. Accept Thou me,
  And clear my soul from sin and fear.
Thou reignest only in my soul,
  While stars and suns may round us roll.
(The figure of St. James of Campostella appears,
while celestial voices are heard.)
Thou voices, sweet and clear!

ST. JAMES.

By God's command, Rodrigo. I am here!
Who to the shorn lamb tempers the sharp wind
Is to the faithful ever good and kind.

RODRIGO.

My guardian Saint, who at the holy font,
Received my faith, who grants my ev'ry want!

ST. JAMES.

Glory! honor, praise and power,
  Be unto the Lord on high.
Trust in him in this dark hour,
  And thou shalt not die.
            (The vision disappears.)

RODRIGO.

A breath from on high passes over my brow.
            (As if transfigured.)
'Tis Heaven that speaks. Let me hearken and
    bow.
            (Thunder.)
SCENE CHANGES.

SCENE IV.

THE CAMP.

Dawn. Soldiers assemble. Trumpets sound.

SOLDIERS.

To arms! my friends, to arms!

RODRIGO.

God is on our side, no more alarms.

SOLDIERS.

We're ready all to conquer or to die.

RODRIGO.

We'll victors be. The foe shall from us fly.
        (Draws his sword. All do the same.)
Oh, blades that shin'st in splendor bright,
As stars that glitter in the night,
On childhood's eyes, my guardian be,
That I may naught but honor see;
Be still undrawn in unjust fight,
But always ready for the right.
Spring from thy scabbard swift and free,
For Spain, and for her liberty.
(The Moorish soldiers attack the Spanish camp.
Confusion and battle.)

CURTAIN.

ACTE QUATRIÈME.

NEUVIÈME TABLEAU.

A GRENADE.

Une salle dans le palais du Roi.

SCÈNE PREMIÈRE.

Don Diègue, Soldats.

Don Diègue est assis ayant devant lui un groupe de ceux qui, dans le camp, ont abandonné Rodrigue.

DON DIÈGUE.

Ainsi mon fils est mort !

SOLDATS.
        Son imprudent courage
L'a jeté sur les rangs d'ennemis trop nombreux !
    Nous avons, plus heureux,
    Su nous faire un passage !

DON DIÈGUE, avec mépris.

Vous avez fui !

LES SOLDATS, insolemment.
        Rodrigue est mort vaincu !

DON DIÈGUE, se levant brusquement.

A la défaite, au moins, il n'a pas survécu !
    [Avec une grandeur tragique.]
Il a fait noblement ce que l'honneur conseille.
Sous les drapeaux sacrés tomber enseveli !
Et c'est au premier rang que le héros sommeille
Dans la sérénité du devoir accompli !
Pour son peuple et son Roi, comme une pure offrande,
Quand il donna ses jours sans avoir hésité,
Ma douleur à le perdre est encore moins grande
Que n'est grand mon orgueil de l'avoir enfanté !
    [S'avançant menaçant et terrible vers les soldats.]
    Vils déserteurs des nobles tâches,
    Faces de traitres et de lâches,
Loin de moi !
    Sortez ! Sortez tous !
    [Les soldats ont reculé au geste de Don Diègue. Ils s'arrêtent confus près de la porte qu'ils ne franchissent que sur le dernier mot du vieillard.]
J'aime mieux mon fils mort que vivant comme vous !
    [Sortie des soldats. L'Infante et Chimène paraissent sur ces dernières paroles.]

SCÈNE II.

Don Diègue, L'Infante, Chimène.

L'INFANTE, avec un cri douloureux.

Mort ! C'était vrai !

CHIMÈNE, de même.

    Dieu ! que je meure !
[L'Infante s'avance doucement vers Don Diègue et cherche à consoler le vieillard qui ne s'est pas aperçu de l'entrée des deux femmes.]

ENSEMBLE.

CHIMÈNE, défaillante, à elle-même.

O cœur deux fois brisé, pleure librement, pleure
    Tant de bonheurs perdus !
Oui, pleure ! Avec celui qui te laisse à cette heure
Toute joie est partie et ne reviendra plus !

L'INFANTE.

O père au cœur brisé, pleure librement, pleure !
Oui, pleure ! Avec celui qui te laisse à cette heure
Toute joie est partie et ne reviendra plus !

DON DIÈGUE.

    Quand le sort a trahi nos armes,
    Ah ! j'ai bien le droit de verser des larmes
Sur le pays blessé, sur l'enfant qui n'est plus !

CHIMÈNE, revenant peu à peu à elle, s'avance brusquement.

Eclate, ô mon amour, cesse de te contraindre.
Parle bien haut, mon cœur, tu n'as plus rien à craindre !
Le même coup fatal qui, soudain, a jeté
Mon âme au désespoir, l'a mise en liberté !
Oui ! Je l'aimais encore ! Le deuil, le sang, le crime,
Les souvenirs et les serments d'un jour,
Ainsi que des débris emportés vers l'abîme
Tout avait disparu dans mon immense amour !
Ah ! je cachais à tous l'invincible tendresse ;
Mais Rodrigue a su lire au fond du cœur fermé,
Et j'ai cette douceur, du moins, en ma détresse
De songer qu'en mourant il se savait aimé !
    [Tout à coup une joyeuse fanfare éclate au dehors. Le Roi a paru sur le seuil et contemple cette scène.]

SCÈNE III.

Les Mêmes, Le Roi.

DON DIÈGUE, à l'Infante, à Chimène.

Ecoutez !

LE ROI, s'avançant.

Vous pleurez quand notre ville est pleine
    De joyeuse rumeur !

CHIMÈNE, éplorée.

Hélas !

DON DIÈGUE, de même.

    Sire !

LE ROI.

    Venez, Don Diègue ! et vous, Chimène,
Ecoutez !
[Les fanfares se rapprochent et éclatent de nouveau.]

CHIMÈNE, comprenant tout.

Ah ! Rodrigue est vivant !

DON DIÈGUE, de même, entraînant Chimène.
        Et vainqueur !
[Changement à vue.]

DIXIÈME TABLEAU.

UNE COUR DANS LE PALAIS DES ROIS A GRENADE.

Foule en scène. Grand mouvement.

SCÈNE UNIQUE.

Le Roi, L'Infante, Chimène et Don Diègue, prennent place, Dames, Seigneurs et Peuple, puis Soldats, Prêtres, Captifs et Captives, Rois Maures, et enfin Rodrigue.

DAMES, SEIGNEURS et PEUPLE.

Gloire à celui que les Rois maures
Ont acclamé leur Cid et choisi pour seigneur !
Que ce nom, salué par les clairons sonores
Reste toujours son nom ! Gloire au Cid, au vainqueur !

ACT IV.

SCENE I.

GRANADA.

A chamber in the royal palace. Don Diego is discovered seated. A group of those who deserted Rodrigo stands before him.

DON DIEGO.

So, then, my son is dead?

SOLDIERS.

His knightly daring
Led him into the dense ranks of the foe,
While we, by keeping low,
Escaped the sharing.

DON DIEGO (with contempt).

You fled!

SOLDIERS.

And live, while he, a victor, died.

DON DIEGO (rising suddenly).

At least his death is now his country's pride.
        (With tragic grandeur.)
On the great field of honor he lies slain,
  His country's banner is his glorious shroud;
In the front rank of heroes he'll remain,
  His name still honored by the applauding crowd.
He died, but for his country and his King;
  He gave his life without a moment's doubt.
I mourn his loss. The world will loudly sing
  His praises, and his name in triumph shout.
        (Advancing in a threatening manner.)
But ye, base cowards! vile peltroons, away!
Out of my sight! ye shunners of the fray;
Begone! your presence but infects the air.
(The soldiers retreat, but stop in confusion and do not go out of the door till the old man's last words are spoken.)
He's dead; ye live! but he is far beyond compare.
(The soldiers go out. The Infanta and Ximene enter at the last word.)

INFANTA (with a shriek.)

Dead. Is it true?

XIMENE (with a shriek).

Then, I too, die!
(The Infanta goes to comfort Don Diego, who has not seen the ladies enter.)

XIMENE (aside, quite overcome).

Weep, broken heart! Weep, let thy sad tears flow
    For happiness, now gone.
Weep, for with him all joy and hope must go
Never to come again, quite flown.

INFANTA.

Weep, broken heart! Weep, let thy sad tears flow.
Weep, for with him all joy and hope must go,
Never to come again, quite flown.

DON DIEGO.

Our arms defeated, we have still the right
To weep for those who, lost now to our sight,
Can never come again—for him, forever gone.

XIMENE (coming to herself and advancing).

Cease, thou my heart, to break in useless sorrow;
Naught need'st thou fear, no dark and dismal morrow.
The blow that slew thy love hath set thee free
Thy soul's despair has changed to liberty.
Ah, yes! I love him still, despite his crime;
My vow of vengeance, sworn to Heaven above,
My filial faith, my anger all sublime,
Have vanished, buried with my only love.
I've hid my feeling deep within my heart,
But he could read my thoughts—well did he know—
And to my soul some joy it doth impart,
That, dying, he still knew I loved him so.
(A joyous peal of trumpets without. The King has watched the scene on the threshold.)

DON DIEGO.

Hark! hark!

THE KING (advancing).

Ye weep, while all the town resounds
With cries of joy.

XIMENE (sadly).

Alas!

DON DIEGO.

Sire!

KING.

Come hither, Don Diego, and Ximene,
Give ear!
(The trumpets approach and sound afresh.)

XIMENE (understanding).

Rodrigo lives.

DON DIEGO.

He lives for Spain and thee!

SCENE CHANGES.

SCENE II.

A court in the palace of Granada. A great crowd, and much excitement.
The King, the Infanta, Ximene, Don Diego, ladies, nobles, people, soldiers, priests, prisoners, Moorish Kings, enter in turn.

ALL.

Glory to him, whom e'en the valiant foe
  Hast named "The Cid," and chosen for their lord.
May his great name be honored, for we know
  On him our safety rests—"The Cid," and his good sword.

[Le défilé commence. Soldats, prêtres, captifs et captives, Rois maures et Rodrigue à la tête de ses compagnons.]

RODRIGUE, au Roi.

O Roi ! C'est ta main que je tiens cette épée :
Si du noble pays qui m'a commis l'honneur
D'assurer son repos, d'affermir sa grandeur,
L'espérance n'est pas trompée
C'est à toi que la gloire en revient, après Dieu !
[Cris du peuple : GLOIRE AU CID.]

LE ROI.

Garde le nom de Cid et reçois leur hommage ;
Mais je te dois encore le prix de ton courage ;
Parle donc, mon Rodrigue, et j'accomplis ton vœu.

RODRIGUE.

La récompense que j'envie
Ah ! je la paierais de ma vie,
Mais ce n'est pas de vous que je puis l'obtenir.

LE ROI.

Chimène ! Tu l'entends ! Réponds !

CHIMÈNE, à part.

Oh ciel ! A peine
Je puis me soutenir !

TOUS.

Ah ! répondez, Chimène !

CHIMÈNE, se redressant.

Que je réponde !
[Regardant en face toute l'assistance.]
Eh ! quoi !
A ta couronne, ô Roi,
Il donne une splendeur nouvelle !
Prêtres, il a brisé l'orgueil de l'infidèle !
Seigneurs, il défendit vos trésors ! Et tu dois
Ton salut, peuple, à ses exploits !
Et lorsque vient le jour de payer ses vaillances,
C'est à moi qu'on remet le soin des récompenses !
A moi, dont il a fait le deuil, et qui pourrais
Accabler ses lauriers du poids de mes cyprès !
Reconnaissez-le tous, la faveur est étrange !
[Elle toise l'assemblée d'un regard ironique et méprisant.]
S'il me reste un devoir c'est celui de punir !

LE ROI.

Je t'ai promis, Chimène, un arrêt qui te venge ;
Réclame le serment ! Je prétends le tenir !

TOUS, s'adressant à Chimène.

Parle ! Prononce ! Oserais-tu punir ?

CHIMÈNE, égarée.

Quoi ! ce front glorieux, cette âme
Si pleine de douceur ! Ce héros, cet amant
Seraient frappés ! Par qui ? Par moi ! Seigneur clément
C'est impossible ! C'est indigne ! C'est infâme !

RODRIGUE, qui s'est avancé.

Puisque tu ne saurais, Chimène, en ce moment
Accorder le pardon ou dicter le supplice,
C'est moi qui me ferai justice.
(Il porte la main à sa dague.]

CHIMÈNE.

Rodrigue !

RODRIGUE.

Va, je mourrai doucement
Car un instant j'ai vu ta rigueur désarmée.
Et tu diras parfois, en déplorant mon sort :
" S'il ne m'avait aimée
" Il ne serait pas mort !"

CHIMÈNE.

Ah ! mon père, tu vois mes tourments, mon délire,
Sur ton enfant, dans l'ombre, à cette heure incliné !
Vivant, je n'ai jamais connu que ton sourire ;
Où s'envola ton âme on ne sait plus maudire,
Mon amour par le tien me sera pardonné !
[Elle s'élance vers Rodrigue.]
Non, tu ne mouras pas !
[Au Roi.]
Je l'aime !

DON DIÈGUE, désignant tour à tour Chimène et Rodrigue.

Cette âme est digne de ce cœur !

TOUS.

L'amour a triomphé dans le combat suprême
Gloire au Cid, au vainqueur !

Rideau.

(A procession is ordered. Soldiers, prisoners, Moorish Kings; and then Rodrigo enters at the head of his faithful companions.)

RODRIGO (to the King).

O King! from thy hand I received this sword,
And with it all the honor of fair Spain,
Her peace and safety, and those now assured,
I bow and give it back to thee again.
      (Cries of "Long live the Cid!")

KING.

Keep that great name, and with it thy good
    sword;
But more than that is owed thee by thy lord.
Ask what thou wilt, and he will grant thy will.

RODRIGO.

The boon I ask I'd pay for with my life,
But still I fear to ask it, and e'en thou,
Great King, canst not award it now.

KING.

Ximene, thou hearest. 'Tis thine to answer.

XIMENE (aside).

    Heavens! in vain
I strive to speak.

ALL.

Answer, Ximene.

XIMENE (recovering herself).

    My words I seek
In vain (looks around).
        To thy great crown!
He lends new splendor and increased renown.
Priests! He hath broken all the Pagan's pride;
Nobles! Your wealth by him can safe abide;
People! Your liberty is due to him;
He stands between you and a tyrant's whim,
And now I must the victor's prize be made,
E'en I, whose cypress would his laurels shade.
The choice at least is strange. It is my fate
(She gazes on the crowd with ironical contempt)
To be the prize of one I'm bound to hate.

KING.

I promised thee thy vengeance. It is thine!
I keep my oath.

ALL.

Speak—darest thou exact the fine?

XIMENE.

Can I this Hero doom to death and shame,
And smirch the glorious splendor of his name?
No! Never! Sire! Unworthy it would be
Of thee, my father, and, alas, of me.

RODRIGO (coming forward).

Since thou'lt not grant my pardon, here I lay
My life down at thy feet; the debt I pay
Thy father.   (Puts his hand on his dagger.)

XIMENE.

Rodrigo!

RODRIGO.

    Yes! With gratitude I die,
For now I see Heaven's pity in thine eye.
Perhaps thou'lt say, while pitying my fate,
"We might have loved, but ah, it was too late."

XIMENE.

Father, thou see'st my misery, my grief,
From thy blest sphere; grant to thy child relief.
Living, thy daughter basked in thy dear smile,
The sainted soul base vengeance would defile.
Pardon your child, if now to love she yield.
        (She flies to Rodrigo.)
Thou shalt not die, my love shall be thy shield.
(To the King.)
I love him, Sire!

DON DIEGO (pointing to Ximene and Rodrigo).

Behold a worthy pair.

ALL.

Love hath the vict'ry. To the brave, the fair.
Long live The Cid! May she his love still share.

CURTAIN.

Printed by Libri Plureos GmbH in Hamburg,
Germany